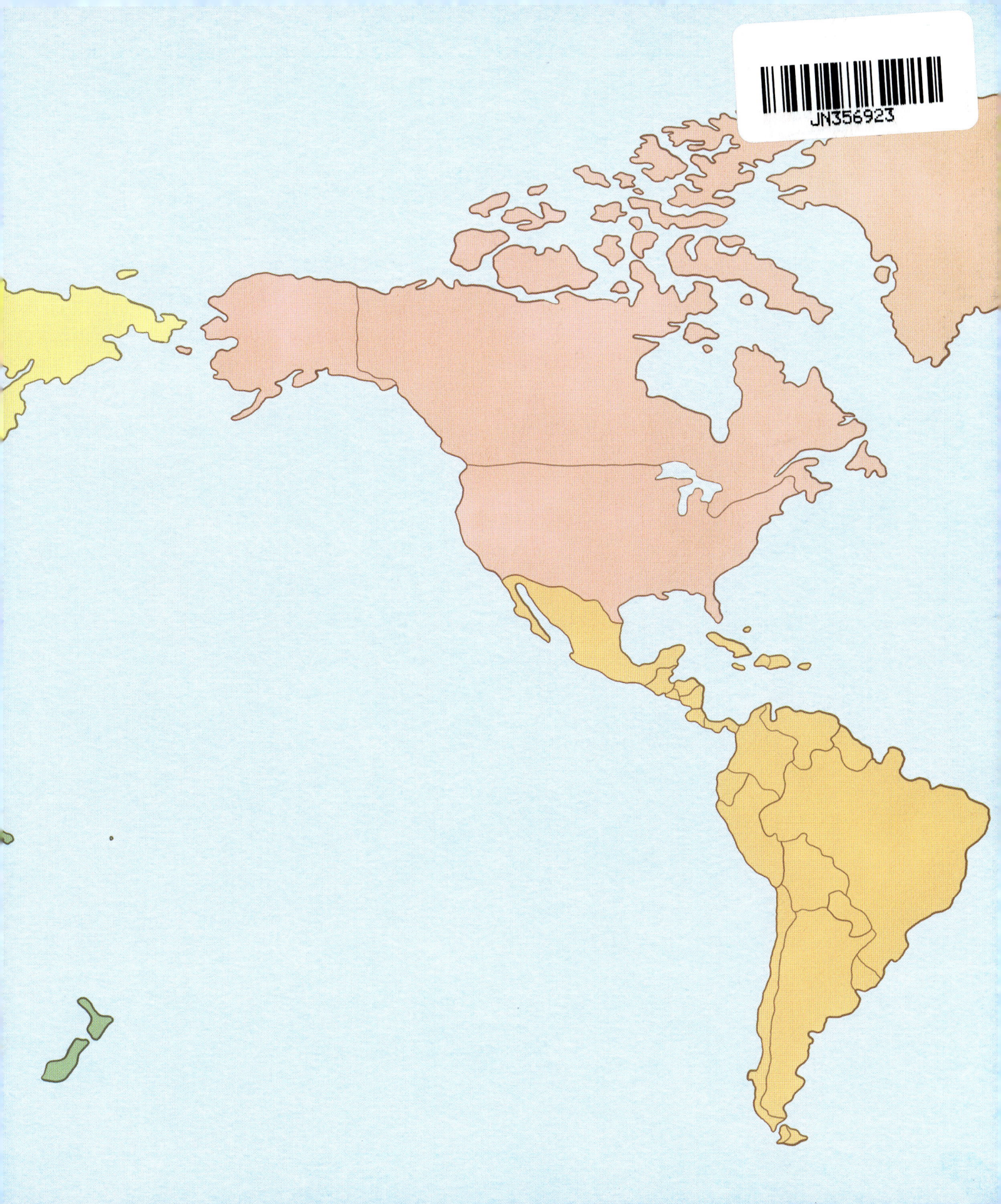

글 | 전민희
글 읽기와 글쓰기를 좋아해서 국어국문학을 공부했습니다.
방송국과 출판사에서 작가로 일했으며, 지금은 어린이들과 함께 생각하고
공부하는 마음으로 어린이 책을 쓰고 있습니다.
쓴 책으로는 〈과학의 원리를 사고파는 과학 상점〉, 〈타타르 아저씨의 날씨 탐험〉,
〈에너지 도둑 다뿔라〉, 〈우리말 첫발〉 등이 있습니다.

그림 | 김영수
대학에서 서양화를 공부했습니다.
다섯 살이 되는 아이와 매일매일 그림책을 보며 그림을 그리고 있답니다.
그린 책으로는 〈작은 콩 한 알〉, 〈내 마음이 보이니?〉, 〈생각을 알려 주는 철학 나침판〉,
〈생활 속 사회 공부〉 등이 있습니다.

누리 세계문화 09 인도 하누만, 소원을 들어주세요

글 전민희 | 그림 김영수 | 펴낸이 김의진 | 기획편집총괄 박서영 | 편집 정재은 이영민 김한상 | 글 다듬기 박미향 | 디자인 수박나무
제작·영업 도서출판 누리 | 펴낸곳 Yisubook | 주소 경기도 고양시 일산동구 일산로67, 3층 | 고객상담실 080-890-7000
잘못된 책은 바꾸어 드립니다. 이 책에 실린 글이나 그림을 무단으로 복사, 복제, 배포하는 것을 금합니다.
△1. 사람을 향해 던지거나 떨어뜨리지 마십시오. 2. 고온 다습한 장소나 직사광선이 닿는 장소에는 보관하지 마십시오.

하누만, 소원을 들어주세요

글 전민희 그림 김영수

"*바라나시다!"
칸 가족이 바라나시에 놀러 왔어요.
델리에서 이곳까지 열 시간도 넘게 걸렸어요.
칸은 갠지스 강에 꼭 와 보고 싶었어요.
수많은 촛불이 물에 떠 있는 모습을 보고 반했거든요.
촛불에 소원을 담아 갠지스에 띄우면 소원이 이루어진대요.
칸은 소원이 뭐냐고요?
하루 종일 신나게 노는 거예요!
공부할 것이 많아서 마음껏 놀지 못하거든요.

바라나시는 매우 복잡해요.
좁은 골목이 거미줄처럼 이어져 있어요.
그뿐인가요? 그 좁디좁은 골목에 소까지 다닌다니까요.
소는 어슬렁거리다가 뿌지직뿌지직 똥도 싸지요.

그때 피리 소리가 들려왔어요.
칸은 피리 소리에 맞춰 춤을 추는 코브라를 구경했어요.
"엄마, 저 코브라 진짜 신기해요!"
그런데 엄마는 대답이 없었답니다.

칸은 그만 복잡한 거리에서 부모님을 잃고 말았어요.
그때 한 소년이 두리번거리는 칸에게 다가왔어요.
그 소년은 낡아 빠진 셔츠를 입고 발은 맨발이었어요.
"난 나딤이라고 해. 길을 잃은 모양이구나.
난 이 동네를 구석구석 잘 알아. 돈을 주면 부모님을 찾아 줄게."
칸은 잠자코 고개를 끄덕였어요.
나딤은 발걸음을 옮기면서 중얼거렸어요.
"넌 멋진 옷을 입었구나. 나도 너처럼 부자면 얼마나 좋을까…."
"난 너처럼 하루 종일 쏘다니고 싶어."

"칸, 진심이지? 좋은 수가 있어!"
칸의 눈은 호기심에 반짝반짝 빛났어요.
나딤은 칸을 원숭이 신, 하누만에게 데려갔어요.
하누만은 마음대로 변신할 수 있는 신이에요.
"하누만님! 부탁이에요. 우리 둘의 모습을 서로 바꿔 주세요."
나딤은 하누만 앞에 앉아서 두 손을 모았어요.
그랬더니 정말 신기하게도 어느새 두 소년의 모습이
바뀌어 있었답니다.

"와! 신 난다. 내가 칸이 되었어."
칸과 헤어진 나딤은 호텔로 갔어요.
"칸! 얼마나 걱정했는지 모른단다."
칸의 엄마는 호텔 로비에서 눈물을 글썽이고 있었어요.
"코브라에게 한눈을 팔았어요.
마침 길에서 만난 친구가 도와줬어요."
"정말 다행이구나."
나딤은 칸이 묵고 있는 방으로 들어갔어요.
"와, 꿈을 꾸고 있는 것 같아. 천국이 따로 없네."

호텔 식당에 가니 이미 음식이 차려져 있었어요.
*난과 카레, *탄두리치킨, *사모사가
먹음직스러웠지요.
목이 말랐던 나딤은 레몬이 띄워진
물을 벌컥벌컥 마셨어요.
그러자 칸의 부모님이 깜짝 놀라며 말했어요.

"칸! 뭐하는 짓이니? 손 씻는 물을 마시다니…."
그때부터 잔소리는 끝이 없었지요.
"천천히 먹으렴. 꼭 거리의 아이 같구나."
"흘리지 말고 먹어. 오늘따라 이상하네."
나딤은 얼굴이 빨개지고 가슴이 콩콩 뛰었어요.
맛있는 음식을 코앞에 두고 체할 것만 같았지요.

한편 칸은 나딤이 되어 거리를 구경했어요.
"와, 자유다, 자유! 뭐든 내 맘대로 할 거야."
나딤의 친구들도 만났어요.
옷이 더러워질까 봐 걱정할 필요도 없었고,
아무 데나 주저앉아도 잔소리를 듣지 않았어요.
외국인들을 도와주고 동전을 벌기도 했어요.
아주 신나는 모험이었답니다.

"나딤, 집안일을 돕지 않고 어딜 쏘다닌 거니? 어서 가자."
골목을 지나는데 나딤의 엄마가 칸을 끌고 갔어요.
구불구불 골목을 지나 나딤의 집에 도착했어요.
"엄마가 밥하는 동안 동생들을 돌보렴."
나딤의 네 명이나 되는 동생은 잠시도 가만있지 않았어요.
동생들을 씻기고, 배고프다고 울면 달래야 했지요.
칸은 정신이 하나도 없었어요.
"휴, 공부보다 힘든 것 같아. 아, 배고프고 힘들어!"
하지만 식사는 건더기 없는 카레와 차파티뿐이었어요.

어느덧 해가 뉘엿뉘엿 넘어가고 있어요.
칸 가족은 화려한 새 옷으로 갈아입었어요.
나딤은 난생처음으로 멋진 옷을 입어 보았지요.
강가는 초와 꽃을 준비하는 사람들로 붐볐어요.
벌써부터 폭죽을 터뜨려 하늘에 불꽃을 수놓기도 했어요.
그 가운데 몇몇 사람은 명상에 잠겨
꼼짝도 안 했어요.

나딤이 꽃목걸이를 두르고 강가를 거닐고 있을 때였어요.
'어, 칸이다!'
칸도 엄마 아빠와 함께 있는 나딤을 보았어요.
"나딤!"
칸과 나딤은 반가운 마음에 두 손을 잡았어요.
"칸! 지저분한 아이야. 얼른 가자."
칸의 엄마는 눈살을 찌푸렸어요.

그때 어디선가 원숭이가 나타났어요.
원숭이는 두 소년에게 달려들었어요.
그 순간 두 소년은 원래 모습으로 돌아갔어요.
"이것 봐, 내 모습으로 돌아왔어."
"나도!"
칸과 나딤은 재빨리 자리를 바꾸었어요.
아무도 이 비밀을 눈치채지 못했답니다.

갠지스에 어둠이 깔렸어요.
사람들은 저마다 촛불 잔을 들고 강으로 갔어요.
그리고 촛불에 소원을 담아 강물에 띄웠어요.
칸은 소원을 빌었어요.
"나딤이 맛있는 음식을 먹을 수 있게 해 주세요!"
나딤도 소원을 빌었지요.
"칸이 자유롭게 놀 수 있게 해 주세요!"
바라나시의 밤은 그렇게 깊어 갔답니다.

여기는 인도!

정식 명칭 인도 공화국

위치 남아시아

면적 약 328만 7천km²

수도 뉴델리

인구 약 12억 3,634만 명

언어 힌디 어 등

나라꽃 연꽃

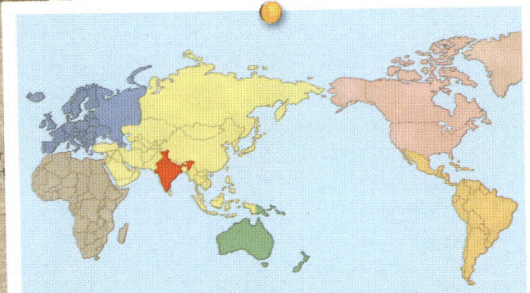

인도는 세계에서 일곱 번째로 땅이 넓은 나라야. 파키스탄, 중국, 네팔, 부탄, 방글라데시, 미얀마와 맞닿아 있지.

● 타르 사막

● 뭄바이

뭄바이
인도에서 가장 큰 도시로, 국제 무역항과 국제 공항이 있어. 원래 이름은 봄베이였는데 1995년에 뭄바이로 바꿨지. 영화의 도시로도 유명해.

향신료

뉴델리
인도의 수도야. 북부 갠지스 강 지류에 있지. 1912년 영국의 지배를 받을 때 콜카타에서 델리로 수도를 옮기면서 새롭게 만들어진 도시야.

아삼
인도 아삼주에서 만든 홍차 품종이야. 아삼주는 인도에서 가장 많은 홍차를 생산하는 곳이지.

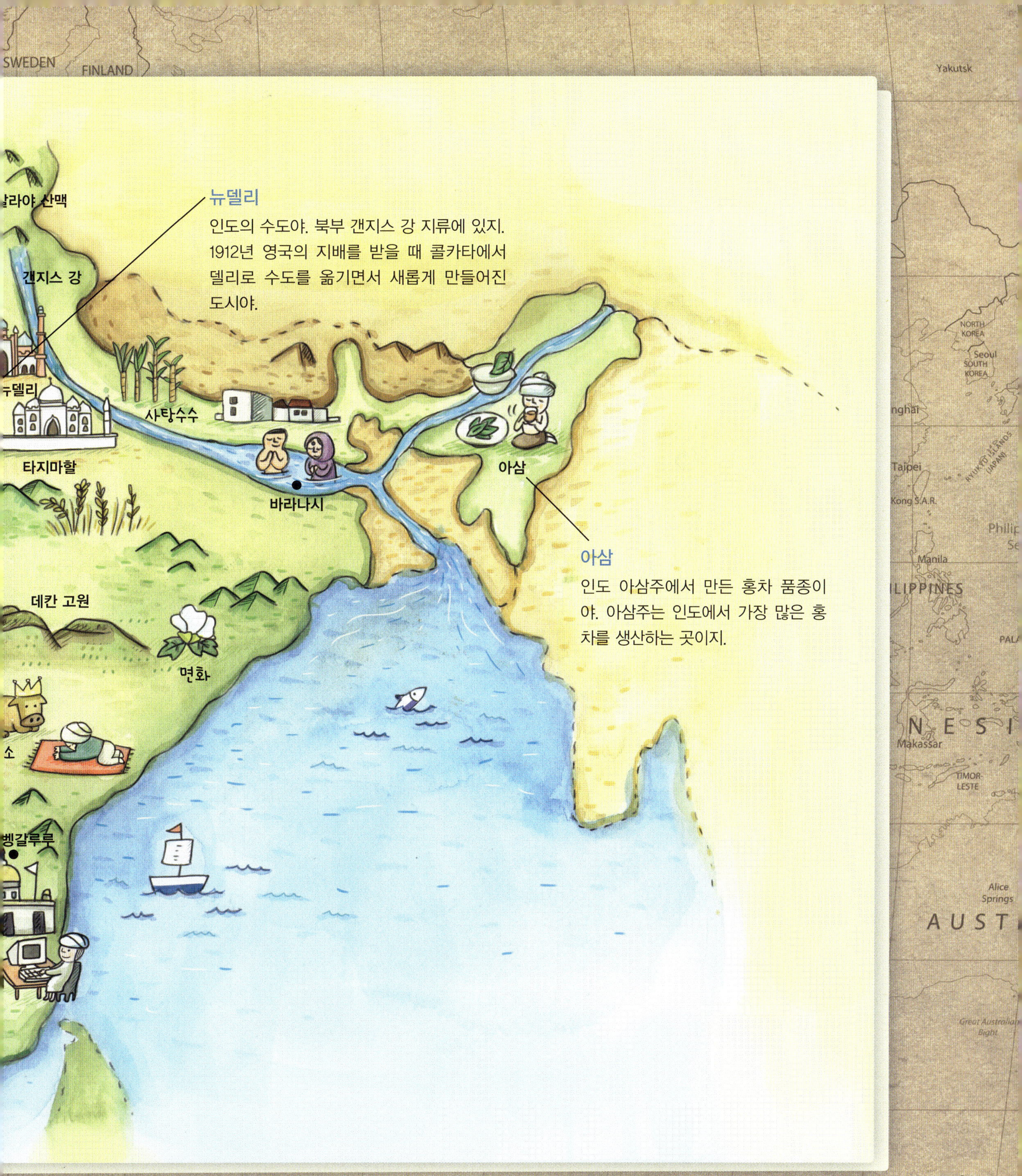

히말라야 산맥
갠지스 강
뉴델리
타지마할
사탕수수
바라나시
아삼
데칸 고원
면화
소
벵갈루루

31

인도를 왜 신의 나라라고 부를까?

인도에는 힌두교, 불교, 자이나교, 시크교, 이슬람교 등 다양한 종교가 있어. 그중에서 가장 많이 믿는 힌두교는 인도 사람들의 생활에도 많은 영향을 주지. 생활 속에서 신을 찾는 인도 사람들의 모습을 만나 볼래?

신과 만나는 강_갠지스

인도 사람들은 갠지스 강이 신의 발뒤꿈치에서 흘러나온 물이라고 믿어. 그래서 갠지스 강에서 목욕을 하면 죄가 씻겨 내려가고, 시체를 불에 태운 뼛가루를 갠지스 강에 흘려 보내면 죽은 사람의 영혼이 좋은 곳에 간다고 믿는대.

코끼리 얼굴의 신_가네샤

힌두교에서는 신들이 동물 모습으로 세상에 나타난다고 믿어. 재물과 성공을 가져오는 신인 가네샤는 코끼리의 얼굴을 하고 있어. 실제로 인도 사람들은 코끼리를 소중하게 여기지.

나는 원숭이 모습을 한 신이야.

신에 대한 기도_요가와 명상

요가와 명상은 인도 사람들이 신에게 기도드리는 하나의 방법이야. 그래서 매일 명상을 하고 요가를 하지. 팔다리와 몸을 구부려서 고통을 느끼는 게 신을 만나는 과정이라니, 정말 신기하지 않니?

이런 게 궁금해요!

인도의 델리는 신기한 게 정말 많아. 알록달록 향신료가 가득 뿌려진 음식도, 대리석으로 만든 화려한 건물 타지마할도 놀랍기만 하지. 신기하고 궁금한 인도의 모습을 좀 더 자세히 들여다볼까?

인도에는 얼마나 많은 언어가 있을까?

인도에는 180가지가 넘는 언어가 있어. 그중에서 나라에서 인정한 언어만 해도 18가지나 돼. 땅이 넓고 인구가 많다 보니 지역과 인종에 따라 쓰는 말이 다르단다. 인도 정부는 다른 지역 사람들끼리 의사소통이 이루어지게 하려고 힌디 어를 공용어로 정해서 쓰도록 권하고 있어.

간디가 누구야?

간디는 인도가 영국의 지배를 받을 때 독립 운동을 이끌었던 사람이야. 영국이 총과 칼로 탄압해도 평화적인 방법으로 이겨야 한다고 주장했어. 인도의 모든 지폐에 간디의 모습이 새겨져 있을 정도이니 인도 사람들이 간디를 얼마나 존경하는지 알 수 있겠지?

델리 성은 어떤 곳이야?

인도의 델리에 있는 성인데, 붉은빛을 띠고 있어서 '붉은 성'이라고도 해. 장식이 화려하고 아름다워 유네스코 세계 문화유산으로 지정되었지. 인도가 영국으로부터 독립할 때 독립을 선언한 역사적인 곳이기도 해.

인도 사람들은 왜 음식에 향신료를 넣을까?

향신료는 음식에 매운맛이나 향을 더하기 위해서 쓰는 일종의 양념이야. 인도는 더운 나라이기 때문에 음식이 금방 상해. 그래서 음식이 상하는 것을 막기 위해 거의 모든 음식에 향신료를 넣지. 카레도 강황이라는 향신료로 만든 인도 음식이야.

타지마할이 궁전이 아니라고?

타지마할은 무굴 제국의 황제였던 샤자한이 죽은 왕비를 위해 만든 무덤이야. 하얀 대리석으로 지어졌기 때문에 태양의 방향에 따라 하루에도 몇 번씩 빛깔이 달라져. 신비롭고 아름다워서 '찬란한 무덤'이라고도 불리지.

일러두기
1. 맞춤법, 띄어쓰기는 국립국어원에서 펴낸 〈표준국어대사전〉을 기준으로 삼았습니다.
2. 외국 인명, 지명은 국립국어원의 〈외래어 표기 용례집〉을 따랐습니다.

사진제공
토픽이미지, 유로크레온, 연합뉴스, Gettyimages, Imagekorea, 몽골문화촌

재미있는 누리 세계문화

아시아
- 01 중국 | 황제를 만난 타오
- 02 일본 | 요코의 화과자
- 03 베트남 | 할아버지는 어디 계실까?
- 04 태국 | 무아이타이 고수를 찾아라
- 05 필리핀 | 차코의 소원
- 06 인도네시아 | 엄마와 함께 바롱 댄스를
- 07 몽골 | 게르에서 살까?
- 08 네팔 | 정말 예티일까?
- 09 인도 | 하누만, 소원을 들어주세요
- 10 사우디아라비아 | 지금은 라마단
- 11 터키 | 할아버지의 마법 양탄자

유럽
- 12 영국 | 앨리스와 스펜서 백작
- 13 프랑스 | 소원을 들어주는 빵
- 14 네덜란드 | 여왕님의 생일 선물
- 15 독일 | 우리는 동화 마을 방위대
- 16 스위스 | 납치된 가족은 누구?
- 17 이탈리아 | 가방이 바뀌었어
- 18 그리스 | 주문을 외워 봐
- 19 에스파냐 | 엉뚱 할아버지의 집은 어디?
- 20 스웨덴 | 삐삐와 바이킹 소년
- 21 덴마크 | 레고랜드로 간 삼촌
- 22 러시아 | 나타샤의 꿈
- 23 체코 | 슈퍼맨 마리오네트
- 24 루마니아 | 도둑을 잡으러 간 소린

아메리카
- 25 미국 | 플루토 스팟을 찾아가요
- 26 캐나다 | 퍼레이드가 좋아
- 27 멕시코 | 사라진 태양의 왕국
- 28 쿠바 | 말랭이 영감 다리 나았네
- 29 브라질 | 삼촌의 선물
- 30 페루 | 고마워요, 대장 콘도르
- 31 칠레 | 펭귄을 데려다 주자

아프리카
- 32 이집트 | 파라오의 마음이 궁금해
- 33 나이지리아 | 힘차게 달려라, 나이지리아
- 34 케냐 | 마타타의 신나는 사파리 여행
- 35 남아프리카 공화국 | 루시와 마누는 친구

오세아니아
- 36 오스트레일리아 | 오페라 하우스를 그려 봐
- 37 뉴질랜드 | 하우, 너라면 할 수 있어
- 38 투발루 | 간장 아가씨, 바닷물을 조심해요

주제권
- 39 화폐 | 돈조아 임금님의 퀴즈
- 40 다문화 | 달라도 괜찮아
- 41 옷 | 외계인 빠송 옷 구경 왔네
- 42 신발 | 클로그를 신을까, 바부슈를 신을까?
- 43 음식 | 황금 포크는 내 거야
- 44 스포츠 | 뚱아 덕아 운동 좀 하자
- 45 괴물 | 유치원에 괴물이 나타났어요

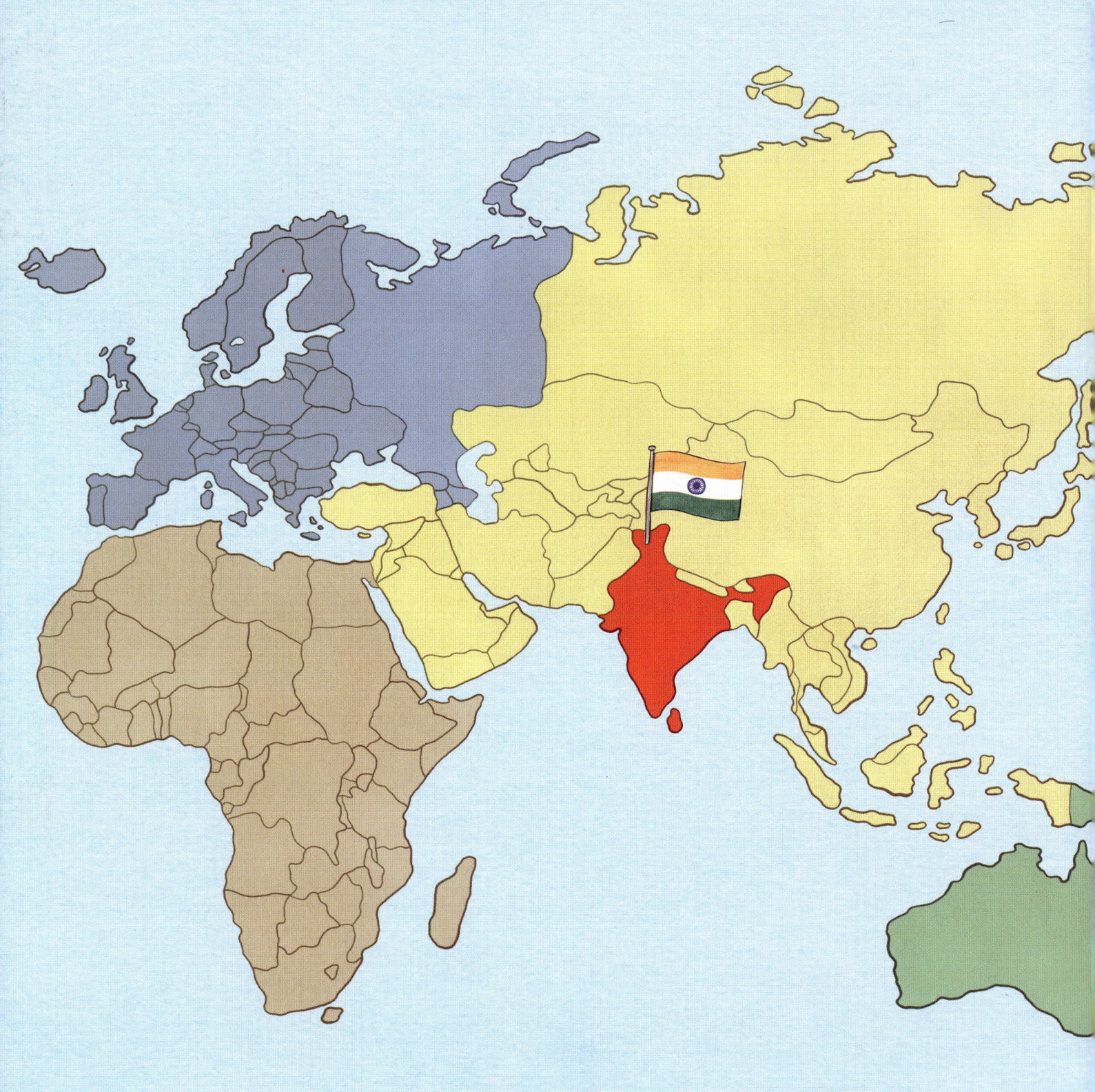